SÜẞE UND GESUNDE IDEEN FÜR GROẞ UND KLEIN

REZEPTE FÜR EINEN NATÜRLICHEN FAMILIENALLTAG MIT ÄTHERISCHEN ÖLEN

MANUELA HÜBL & JACQUELINE ECKER

Impressum

2. Auflage 2021

Cover-Gestaltung: Natürliche Welt Nicole Freier
Layout-Gestaltung: Beverly Dessin
Bilder: Jacqueline Ecker, Manuela Hübl, MA & Adobe Stock
Oelixier Verlag, Falkensee. Printed in Germany
ISBN: 978-3-948573-03-4

Haftungsausschuss
Die theoretischen wie praktischen Inhalte dieses Ratgebers wurden sorgfältig erarbeitet, basieren auf persönlichem Wissen und Erfahrungen der Autorinnen und dienen primär der Inspiration. Die Angaben sind kein Ersatz für ärztlichen Rat was die Anwendung ätherischer Öle betrifft.

Die Autorinnen und der Herausgeber übernehmen keinerlei Garantie oder Haftung für die Nutzung dieser Informationen.

Dieses Buch widmen wir unseren wunderbaren Kindern. Es liegt uns am Herzen, dass auch sie schon mit gesunden Alternativen, die Spaß machen, aufwachsen. Wir sind sehr dankbar dafür, mit den ätherischen Ölen ein Werkzeug gefunden zu haben, mit dem wir selbstbestimmt auch die ganzheitliche Gesundheit unserer Kinder positiv beeinflussen können – und, dass sie diese Schätze der Natur genauso lieben wie wir.

Inhalt

Vorwort

Lieber Ölliebhaber & Schokotiger!

Mit diesen beiden Worten haben wir schon viel gemeinsam. Wir haben diese Rezeptsammlung zusammengestellt, um zwei unserer Leidenschaften zusammenzuführen und dir diese in Kombination näher zu bringen: Lecker naschen, was unseren Gaumen und unsere Laune erfreut und ätherische Öle, die unser Leben ganzheitlich und nachhaltig auf so wunderbare Weise verändert haben.

Dabei ist uns der gesundheitliche Aspekt sehr wichtig und mindestens genauso auch die Freude an guter Ernährung, denn Verzicht ist doof und macht keinen Spaß. So gehen wir auch darauf ein, warum es eine gute Entscheidung ist, auf Industriezucker zu verzichten und welche schmackhaften - und deinem Wohlbefinden zuträglichen - Alternativen es gibt. Über ätherische Öle gäbe es viel zu erzählen. Wir geben dir hier Infos darüber weiter, was für dich wichtig ist zu wissen bezüglich Einnahme und Zubereitung von Speisen.

Mit diesem Büchlein wollen wir dir:

- leckeres Naschen mit ätherischen Ölen näherbringen
- Anregungen mitgeben und dich ermuntern, in der Küche kreativ zu werden und dabei ätherische Öle mit einzubauen
- zeigen, wie du gesund naschen und dabei auf Industriezucker locker verzichten kannst
- ein paar Basics für gesunde Süßschnabelactions mitgeben

Da wir jedoch auf nichts verzichten wollen und uns die Freude an gesunder Ernährung am Herzen liegt, wollen wir diese mit den Rezeptanregungen an dich weitergeben.

Ja, wir lieben Schoki – hier geht es jedoch ums gesunde Naschen allgemein. So findest du nach den Schokoladerezepten auch Ideen und Rezepte für andere süße Snacks und Getränke. Übrigens sind die Rezepte vegan und auch weitestgehend glutenfrei.

Wir wünschen dir viel Freude mit der Sammlung unserer Lieblingsrezepte!

Deine MaQuy

Manu & Jacquy

Über Uns

Unsere gemeinsame Mission ist es, Menschen bzw. Familien dabei zu begleiten, ihren Lebensstil auf chemiefrei und natürliche Alternativen umzustellen. Dabei spielen reine, wirksame und sichere ätherische Öle in therapeutischer Qualität die Hauptrolle. Wir arbeiten auch mit natürlichen Nährstoffen, die die Basis für ganzheitliches Wohlbefinden bilden.

Jacquy

Jacquy arbeitet im Büro und ist Kinder-Yoga-Lehrerin. Es liegt ihr am Herzen, Kinder von klein auf dahingehend zu stärken, sich zu entspannen und selbst besser wahrnehmen und annehmen zu können.

Manu

Manu ist Autorin und diplomierte Ernährungstrainerin. Ihr Schwerpunkt liegt darin, Menschen bei ihrer ganzheitlichen Entgiftung zu unterstützen. Ihr Motto lautet: Weniger Gift – mehr Leichtigkeit.

DIE SACHE MIT DEM ZUCKER

In diesem Kapitel möchten wir, wie bereits erwähnt, darauf eingehen, warum es eine kluge Idee ist, die Finger von Industriezucker (und anderen „bösen" Zuckern) zu lassen und uns darauf konzentrieren, was du stattdessen essen bzw. womit du süßen kannst, um dem Genuss weiter auf gesunde Art und Weise frönen zu dürfen.

Warum ist Zucker böse?

Industriezucker ist hoch verarbeitet und übersäuert den Körper, was potenziell zu vielen gesundheitlichen Problemen führt. Um den pH-Wert im Blut konstant zu halten (bei Durchflutung mit „Saurem"), holt der Körper basische Mineralien z.B. aus Knochen und Zähnen (z.B. Kalzium) ins Blut, was diese brüchig macht – das ist nur ein Beispiel von vielen.

Das „Böse" beim Einkaufen ist, dass uns die Industrie gekonnt auszutricksen versucht, denn oft findet sich Zucker auch unerwarteterweise in Fertigprodukten wie Aufstrichen, Tiefkühlgemüse(mischungen), Saucen, Ketchup, Pflanzendrinks wie Mandelmilch & Co., Joghurts & Milchmixgetränken, Brot und Backwaren und in offensichtlichen Fertiggerichten wie Pizza und Konsorten.
Zudem kommt er unter verschiedenen Decknamen daher wie Glucose, Saccharose, Maltodextrin, Glucosesirup, usw. – bzw. sind das alles Zuckerarten. Alles mit -ose und - sirup am Schluss ist grundsätzlich verdächtig. Da jedoch die meisten von uns wissen, dass Zucker uns nicht guttut und die Zutat, von der am meisten in einem Produkt zu finden ist, an erster Stelle steht, werden gerne die verschiedenen Arten an verschiedener Stelle genannt, sodass „Zucker" in Summe viel weiter vorne einzureihen wäre! Warum macht das die Industrie? Weils lecker schmeckt und vor allem in Kombi mit Fett zu guten Umsätzen führt.

SCHLECHTE ALTERNATIVEN

Bevor wir uns dem positiven Teil widmen sei darauf hingewiesen, dass Fructose und Agavendicksaft auch nicht besser sind! Agavendicksaft enthält kaum Nährstoffe und kann die Verdauung und den Stoffwechsel stören (alles was keine oder kaum Nährstoffe hat veranlasst den Körper dazu, sich die fehlenden Stoffe zu suchen, was wiederum zu Hunger führt!).
Und: Was? Fructose? Obst ist doch so gesund? JA, ist es. Hier geht es um die isolierte Fructose, mit der der Körper in dieser Konzentration – ohne das dazugehörige Obst als Ganzes – restlos überfordert ist, was zu (Fructose-) Unverträglichkeiten führen kann!
Süßstoff wird in der Schweinemast eingesetzt, damit die kleinen Freunde noch mehr fressen. Neben der Tatsache, dass das alles andere als natürlich ist, ist das bestimmt nicht der Effekt, den wir uns für unseren Körper wünschen!? Und das ist nur EIN Punkt von vielen!

GUTE ALTERNATIVEN

Die Reihenfolge ist hier auch zu beachten, so sind die ersten Alternativen den „schlechten Alternativen" in jedem Fall vorzuziehen, jedoch sind die weiter unten Aufgeführten die beste Wahl.

- Ahornsirup
- Honig
- Schwarze Melasse
- Dicksäfte z.B. Apfeldicksaft
- Kokosblütenzucker und -Sirup
- Datteln
- Feigen
- Erythrit
- Xylit
- Stevia(blätter)
- Yacón-Sirup
- Obst wie Bananen oder Apfelmus

Ahornsirup & Honig

Ahornsirup und Honig – werden besser in Maßen genossen, beinhalten jedoch im Gegensatz zu Industriezucker (übrigens, auch Rohrohrzucker ist nicht besser) Nährstoffe. Wenn du ein „normales" Rezept abwandeln möchtest reichen hier sogar schon 80g aus um die Süßkraft von 100g Zucker zu erreichen.

Datteln & Feigen

Die „nächstbessere" Stufe sind Datteln oder Feigen. Hier ist der Anteil an Mineralstoffen nochmal höher, es ist die ganze Frucht, jedoch getrocknet, also auch hier wieder bewusst genießen (so wie am besten sowieso alles!). Falls du anfällig auf Karies bist, heißt es auch hier achtsam sein, da Karies alles was süß ist und klebt liebt und sich davon ernährt – übrigens auch von Stärke, aber das ist ein anderes Thema.

Dicksäfte

Dann gibt's noch Dicksäfte wie Apfeldicksaft. Das kann man schon ab und zu verwenden; auch mal Kokosblütenzucker oder -sirup. Nährstoffreich ist auch schwarze Melasse. Das ist quasi das gesunde Überbleibsel vom Zucker, schwarz und klebrig, von der Konsistenz her honigartig und nebenbei bemerkt ein super Eisenlieferant!

Erythrit & Xylit

Erythrit und Xylit sind Zuckeraustauschstoffe und wirken nicht auf den Blutzuckerspiegel. Xylit ist Birkenzucker, du kennst ihn vielleicht vom Kaugummi. Achtung! Nur weil Xylit draufsteht muss nicht zwingend Birkenzucker drin sein, da er auch z.B. aus Mais gewonnen werden kann! Wir verwenden ihn gerne, auch weil er antikariogen ist also gegen Karies wirkt, daher nehmen wir oft nach dem Essen so einen Finger davon, gerne auch mit einem ätherischen Öl. Hohe Mengen können abführend wirken, also lieber mal gemütlich rantasten.

Stevia

Stevia ist ein Kraut und noch gesünder als Pulver (aus getrocknetem Kraut) bzw. kannst du es auch als Kraut selbst ziehen. Gibt's auch flüssig, das ist wieder mehr denaturiert und weist einen etwas bitteren Beigeschmack auf.

Yacón-Sirup

Yacón-Sirup wird aus einer in Südamerika angesiedelten Pflanze (den Knollen) gewonnen und enthält lösliche Ballaststoffe, was super ist für deinen Darm. Zudem wird der Blutzuckerspiegel nicht beeinflusst.
Yacón-Sirup ist nicht nur nicht schädlich, sondern hat viele weitere positive Auswirkungen auf unsere Gesundheit (z.B. kann die tolle Knolle vor Fettleber oder Diabetes schützen).

Bananen & Apfelmus

Bananen machen sich super als Süßungsmittel. Achte immer darauf, dass sie braune Punkte haben, was bedeutet, dass sie reif und somit süß sind. Es gibt auch exotische Früchte wie Cempedak, die sich zum Süßen eignen und das heimische Apfelmus.

GESUND GENIEßEN MIT ÄTHERISCHEN ÖLEN

Wenn wir unsere Gerichte mit Aromaölen verfeinern ist das wie ein kulinarischer Hochzeitstanz für unsere Geschmacksknospen. Auch unser Geruchssinn genießt mit (gut, hängt ja zusammen) und unsere Laune hebt sich. Es ist wie ein besonderes Geschenk, das du dir selbst oder deinen Lieben machst. Zudem brauchst du oft nur kleine Mengen und kannst auch dein Gewürzregal damit ersetzen, da sie lange halten. Außerdem helfen sie unserer Verdauung, da sie den Speichelfluss anregen, wobei einige davon auch gezielt unser Futterverwertungssystem unterstützen wie z.B. Ingwer oder Minze.

Was sind ätherische Öle & worauf ist zu achten?

Sie
• sind die Lebenskraft der Pflanze, die sie heilt, schützt und Insekten für die Bestäubung anlockt
• werden aus verschiedenen Pflanzenteilen gewonnen
• sind hoch wirksame Essenzen (1 Tropfen reines ätherisches Pfefferminzöl wirkt so stark wie in etwa 28 Tassen Pfefferminztee - was diese kleinen Freunde nicht nur effizient, sondern auch preiswert macht)
• riechen nicht nur sondern wirken – je nach Qualität! – ganzheitlich – also auf Körper, und Emotionen

Insbesondere wenn du ätherische Öle einnehmen möchtest, ist die Qualität entscheidend. Wir würden nie ein x-beliebiges ätherisches Öl aus dem Drogeriemarkt innerlich einnehmen!

WICHTIGE QUALITÄTSMERKMALE

Die Aromaöle sollten:
• idealerweise therapeutische Qualität aufweisen und keine „Aromen" beinhalten – denn diese stellen Zusammensetzungen dar, die nicht natürlich sind!
• pur und rein sein (also nicht gestreckt, verunreinigt, usw.) – somit streng und extern mehrfach kontrolliert werden (Gaschromatographie und Massenspektrometer sind das absolute Minimum)
• die Inhaltsstoffe bzw. chemische Zusammensetzung transparent sein
• optimale Wachstumsbedingungen der Pflanze gewährleistet sein (idealerweise wird sie dort geerntet, wo sie auch natürlich wächst und nicht „irgendwo" angebaut wird)
• schonend gewonnen werden (Kaltpressung bzw. Dampfdestillation und das so sanft wie möglich und so effizient wie nötig – bei beiden Methoden gibt es keine chemischen Rückstände!)

WIE DOSIERE ICH SIE RICHTIG?

Vorweg möchten wir folgende Frage beantworten:

„Kann ich jedes Öl in beliebiger Menge einnehmen?"

NEIN! Es ist besonders achtsamer Umgang mit ätherischen Ölen angezeigt, wenn du
• schwanger bist,
• stillst,
• sie bei Babies und Kleinkindern anwendest,
• unter Epilepsie
• oder Bluthochdruck leidest
• oder wenn du in ärztlicher Behandlung bist (schließe dich am besten mit deinem Doc kurz.)

„Bedeutet das, dass oben genannte Gruppen ätherische Öle generell nicht einnehmen dürfen?“

Wir würden Babys keine Öle intern verabreichen. Viele Öle, auch nicht alle, werden zur internen Einnahme ab 6 Jahren empfohlen und es gibt auch Öle die wir gar nicht einnehmen würden. Im Zweifelsfall besprich dich am besten mit deinem behandelnden Arzt, deiner Hebamme oder wer auch immer dir zu Seite steht. Die in unserer Rezeptsammlung genannten Öle sind für die interne Einnahme geeignet – vorausgesetzt die Qualität stimmt!

Setze bei der Einnahme einfach immer deinen gesunden Menschenverstand ein (niemand kippt sich ein 15ml-Fläschchen runter!) und achte gut auf deinen Körper, beziehe Wissen und Erfahrung mit ein und genieße den wundervollen Geschmack sowie die Wirkung!

Aber jetzt: Wie ist das nun mit der Dosierung?

Da es in unserem Buch um gesunde und schmackhafte Rezepte geht, werden wir nur darauf eingehen und Fragen wie: „Wie viele Tropfen gebe ich in eine Kapsel, wenn ich Bauchschmerzen habe?“ außer Acht lassen.
Grundsätzlich gilt: Weniger ist mehr. Es empfiehlt sich, ätherische Öle nach Möglichkeit erst am Schluss beim Kochen hinzuzufügen, da es dadurch die maximale Wirkung entfaltet (diese „verbrennt“ nämlich bei höheren Temperaturen). Keine Sorge, lecker schmecken tut es auch erhitzt noch, dann einfach etwas herzhafter dosieren. Wenn du sachte beginnst und abschmeckst, kannst du ja immer noch mehr hinzufügen.

„Heiße“ bzw. sehr intensive Öle wie z.B. Zimt, Pfeffer aber auch Lavendel oder Pfefferminze werden mittels Zahnstocher-Methode dosiert. Wir haben im Rezeptteil zwar Dosierungen angeführt. Da die Bedürfnisse nach Intensität aber auch Erfahrungen mit der Einnahme ätherischer Öle verschieden sind, sind das Richtwerte mit denen wir gute Erfahrungen gemacht haben, mit denen du jedoch gerne experimentieren darfst. Zitrusöle werden in der Regel als milder empfunden und können etwas höher dosiert werden. Auch kannst du mal ein anderes ätherisches Öl als jenes das wir gerade angeben, verwenden oder sie mischen – deiner Kreativität sind hier keine Grenzen gesetzt!

Du möchtest 5 verschiedene Öle in einem Rezept aber 5 Tropfen sind dir zu viel?

Kein Problem – mische die Öle einfach in einem kleinen Fläschchen zusammen und nimm aus dieser fertigen Mischung so viel du brauchst.

Welche ätherischen Öle passen gut für süße Rezepte?

Wir verwenden gerne:

- Ingwer
- Lavendel
- Grapefruit
- Grüne Minze (Spearmint)
- Limette
- Nelke
- Pfefferminze
- Rote Mandarine
- Rosa Pepper
- Rose
- Schwarzer Pepper
- Tangerine (Mandarine)
- Wilde Orange
- Zimt (Cassia)
- Zimtrinde
- Zitrone
- „Schützende Ölmischung" (Wilde Orange, Eukalyptus, Rosmarin, Zimtrinde & Nelke)
- „Metabolische Mischung" (Grapefruit, Zitrone, Pfefferminze, Zimtrinde, Ingwer)

Mit diesen Ölen experimentieren wir selbst gerne, alle kommen in den Rezepten jedoch nicht vor. Mit dieser Auswahl hast du jedenfalls noch mehr Anregungen für deine eigenen Kreationen.

Sicher sind dir die beiden letzten Mischungen aufgefallen. Von den Ölen die wir verwenden gibt es auch fertige und praktische Mischungen für verschiedene Themen / Bereiche. Da wir uns bemühen, hier neutral zu sein und keine Werbung zu machen werden wir sie im Rezeptteil unter obiger Bezeichnung benennen. Die jeweils darin enthaltenen Öle haben wir in Klammer aufgelistet, damit du diese gegebenenfalls selbst für dich mischen kannst.

Wenn du wissen möchtest, welche Öle wir verwenden, kontaktiere uns gerne unter: aromafamily@gmx.net. Diese Öle geben Gerichten nicht nur das gewisse Etwas, sie helfen durch ihre ganzheitliche Wirkung auch bei vielen alltäglichen körperlichen und emotionalen Themen bei und für Groß und Klein. Wenn du dazu eine Beratung wünschst, komme auch gerne auf uns zu, wir freuen uns auf dich!

Jetzt bist du theoretisch gut mit den Basics ausgestattet, jetzt geht's an die Praxis! In diesem Teil bekommst du unsere gesunden Lieblingsrezepte für Süßschnäbel. Wir teilen Getränke mit dir, auch Smoothies, Schokolade (natürlich!), Eis, Kuchen und kleine süße Snacks für zwischendurch. Die meisten unserer Rezepte sind abwandelbar. Somit musst du sie nicht starr befolgen, wir haben oft Alternativen oder andere Ideen angemerkt, sodass du innerhalb eines Rahmens flexibel bleibst – und: du brauchst kein Koch- oder Backgenie zu sein!

Du wirst immer wieder auf zwei von uns sehr regelmäßig angewandte Verarbeitungsmethoden stoßen:

DIE SCHNITZEL-KLOPFERMETHODE

Diese kommt insbesondere beim Zerkleinern von Nüssen zum Einsatz. Hierzu werden Nüsse in ein Küchentuch eingeschlagen, sodass auch rundherum nichts heraushüpfen kann und dann wird mit dem zweckentfremdeten Schnitzelklopfer drauf rumgehackt. Auch ein tolles Werkzeug bei Wutanfällen – mit Vorsicht auf die Arbeitsfläche.

DIE ZAHN-STOCHERMETHODE

Ätherische Öle die wir nicht tropfen, sondern zumindest zu Beginn lieber mal etwas vorsichtiger dosieren, portionieren wir mit dem Zahnstocher. Diesen halten wir ins Fläschchen hinein und fahren dann mit dem Hängengebliebenen durch die Süßspeise.

SCHOKOLADE

Das Beste bis zum Schluss aufheben?

Was, wenn du dann nicht mehr kannst?

Wir starten gleich mal mit
unserer persönlichen Lieblingsrubrik!

Grundrezept auf Kokosölbasis

Da das Kokosöl wieder schmilzt, wenn die Schokolade fertig ist und du sie länger bei Zimmertemperatur lagerst, wirst du mit der Konsistenz wenig Freude haben – daher immer im Kühlschrank lagern.

ZUTATEN

100g Kokosöl, flüssig

3 EL Nussmus
(z.B. Mandel, Haselnuss)

4 EL Kakao- u. /
od. Carobpulver

2 EL flüssige Süße nach Wahl
(z.B. Ahornsirup)

2 EL feste Süße nach Wahl
(z.B. Kokosblütenzucker)

Etwas Vanillepulver

1 Prise Salz

4 Tr. Metabolische od. Schützende Mischung

Einlage wie Nüsse, Gojibeeren, etc.

TIPP

Übrigens kann – je nach Wahl der Zutaten – dieses Rezept auch in Rohkostqualität zubereitet werden.

SO GEHT'S

Die Zutaten in einer Schüssel mittels Schneebesen verrühren. Nüsse können nach Belieben zerhackt (hier empfiehlt sich das Einschlagen in ein Geschirrtuch und Bearbeiten mit dem Schnitzelklopfer) und der Masse beigemengt werden. Alternativ können sie nach Einfüllen der Formen in ganzen Stücken hineingelegt werden – oder man macht ein bisschen was von beidem! Der Kreativität sind hier keine Grenzen gesetzt. Es können Superfoods wie Macapulver beigemengt werden oder getrocknete Buchweizenkerne (davor ein paar Stunden in Wasser einweichen und danach trocknen / dörren), auch Trockenfrüchte wie Goji- od. Maulbeeren machen sich sehr lecker in diesem Rezept. Uns schmeckt es am besten mit ätherischem Wild Orange-, Tangerine- oder Lavendel-Öl!

Grundrezept auf Kakaobutter-Basis

Diese Variante kommt noch etwas schokoladiger daher (was du auch an der Farbe erkennen kannst) und kann auch mal bei Zimmertemperatur gelagert bzw. auch transportiert werden, was sie zu einem schönen und besonderen Geschenk macht.

ZUTATEN

60g Kakaobutter

25g Kakaopulver

Prise Salz

4 EL Ahornsirup

(optional) Nüsse, gerieben oder ganz

2 Tr. Pfefferminz-Öl

SO GEHT'S

Kakaobutter bei geringer Hitze im Wasserbad schmelzen. Kakaopulver, Salz und Ahornsirup mit dem Schneebesen gut einrühren. Ätherisches Öl dazu geben. Die Nüsse in die Form legen und die Schokolade eingießen. Dann im Kühlschrank härten lassen und am besten auch dort lagern.

Schokoladepralinen

ERGIBT CA. 3 PRALINENFORMEN

Oben haben wir dir das Grundrezept für Schokolade auf Kokosöl-Basis gegeben, hier gibt es ein konkretes Beispiel dazu. Übrigens ist das Schokolade-Kochen ein Spaß für Groß und Klein. So sehen auch schon die Kleinen, was da alles mit reingehört und können in den Entstehungsprozess eingebunden werden.

ZUTATEN

100g Kokosöl

3 EL Nussmus (z.B. Cashew, Mandel)

4 EL Kakao oder/und Carob Pulver

2 EL Ahornsirup

2 EL Kokosblütenzucker

Etwas Vanillezucker

Prise Salz

Nüsse, Cranberries, etc.

3 Tr. Lavendel- oder Wildorangen-Öl

SO GEHT'S

Kokosöl über dem Wasserbad schmelzen und alle Zutaten, außer das ätherische Öl mit dem Schneebesen einrühren. Nüsse zerkleinern und in die Masse mischen bzw. in die Form legen. Ätherisches Öl beifügen, verrühren und in die Form füllen.

TIPP

Bevor du die Schoki kaltstellst, gib sie in ein luftdichtes Gefäß. So bleibt das Aroma am besten erhalten.

Gojibeeren-Kokos-Schoki

ZUTATEN

125g Kakaobutter
1 EL Kakaopulver, gehäuft
1 EL Honig
1 EL Ahornsirup
3 EL Gojibeeren
2 EL Kokosraspel
3 x Zahnstocher Lavendel-Öl
2 Tr. Grapefruit-Öl

SO GEHT'S

Kakaobutter im Wasserbad schmelzen, die übrigen Zutaten dazugeben und mit dem Schneebesen verrühren. Die Masse in Schoko- od. Pralinenformen deiner Wahl gießen.

Aroma-Schokolade

Diese Variante geht schnell und einfach – du aromatisierst schon fertige (gekaufte) Schokolade mit ätherischen Ölen. Wir empfehlen natürlich zuckerfreie Exemplare mit möglichst wenig Zutaten wie z.B. jene von lovechock oder die Kokosschoki von Alnatura.

ZUTATEN

1 Tafel Schokolade

5 Tr. Grüne-Minze-Öl

SO GEHT'S

Schokolade im Wasserbad schmelzen, 5 Tr. Spearmint beifügen, einrühren und in die Form füllen. Im Kühlschrank härten und lagern.

KUGELIGES & ECKIGES

Die meisten der folgenden Rezepte sind zum Kugeln,
woran auch kleine Kinderhände viel Freude haben!

Apfel-Zimt-Bällchen

ZUTATEN

1 Tasse Nüsse, eingeweicht

1 Tasse Getrocknete Äpfel, dicht gepackt

2 Tr. Zimt-Öl

SO GEHT'S

Weiche die Nüsse für mindestens 8 Stunden in Wasser ein, spüle und tropfe sie ab. Gib sie in den Hochleistungsmixer und mixe sie zu kleinen Krümeln. Füge die getrockneten Äpfel hinzu und mixe sie in kleinere Stückchen. Ein Stampfer erleichtert das Ganze.
2 Tropfen Cassia beimengen und nochmal kneten. Entnehme löffelweise Portionen und rolle sie zu Bällchen. Bewahre die fertigen Energiebällchen gekühlt auf und genieße sie innerhalb der nächsten 3 bis 4 Tage.

Kokosbällchen

ERGIBT CA. 10 GROẞE KUGELN

VARIANTE

Mit 1 EL Kakaopulver erhältst du Kakaobällchen. Hier passen statt dem Wildorangen-Öl auch gut 2 Tr. Pfefferminz-Öl!

ZUTATEN

100g Mandeln, gemahlen

100g Kokosraspeln

10 Datteln

10 blanchierte Mandeln

2 EL (gehäuft) Kokosöl

4 Tr. Wildorangen-Öl

SO GEHT'S

Kokosraspeln im Mixer ca. 3 Min. mixen bis eine sämige Masse entsteht, in eine große Schüssel füllen. Nun werden die Mandeln gemixt und in eine andere Schüssel gegeben. Nun werden Datteln und Kokosöl gemixt und mit dem Kokosmus vermischt.

Anschließend kommen alle Zutaten zusammen und werden einmal gut zu einer Masse durchgeknetet. Jetzt kannst du aus ihnen kleine Bällchen formen und in jedes Stück eine weiße Mandel stecken. Zum Schluss werden sie in Kokosraspeln gewälzt und nach einer Stunde Kühlschrankpause sind sie fertig zum Verzehr.

ZUTATEN

FÜR DIE BÄLLCHEN:

1/2 Tasse Hirse, ungekocht

1 Tasse Wasser

1 Tasse Datteln, entsteint und gehackt (alternativ andere Trockenfrüchte)

1/3 Tasse Kakaopulver

ca. 2 EL Wasser

4 Tr. Wildorangen-Öl

Hirse-Schoko-Bällchen

ERGIBT CA. 30 BÄLLCHEN

SO GEHT'S

Gib die Hirse und das Wasser in einen kleinen Topf mit Deckel und bringe das Ganze zum Kochen. Lasse es dann 10 bis 15 Minuten auf niedriger Stufe köcheln (bis die Flüssigkeit aufgesaugt ist) und anschließend für ca. 10min mit geschlossenem Deckel stehen. Vor dem nächsten Schritt am besten komplett abkühlen lassen.

Mixe die Datteln im Hochleistungsmixer zu feinen Krümeln und vermische sie im Anschluss mit der Hirse. Siebe Kakaopulver hinzu und rühre es durch. Gib gerade genug Wasser hinzu, sodass eine knetbare Masse entsteht. Anschließend forme die Bällchen und stelle sie in den Kühlschrank oder Gefrierschrank, während du die Schokolade zubereitest.

Verrühre die Zutaten für die Schokolade über einem Wasserbad. Nimm ein Holzstäbchen, um ein Bällchen aufzuspießen und in die Schokolade zu tauchen. Lass es anschließend etwas abkühlen, bevor du das nächste Bällchen glasierst (wir verwenden mehrere Holzstäbchen und lassen die darauf glasierten Bällchen in einem Glas stehen bis sie abgekühlt sind). Dekoriere es nach Wahl, während die Schokolade noch warm ist. Am besten gekühlt aufbewahren.

Auf dem Foto siehst du übrigens auch die Variante ohne Schokoüberzug.

FÜR DIE SCHOKOLADE:

50g Kakaobutter, geschmolzen

50g Kakaopulver

30g Kokosblütenzucker, am besten fein gemahlen (oder mehr falls du es süßer magst)

Energiebällchen

ERGIBT CA. 18 KLEINE KUGELN

ZUTATEN

150g Datteln ohne Kern

100g Mandeln

50g Walnüsse

4 Tr. Lavendel- oder Wildorangen-Öl

SO GEHT'S

Alle Zutaten im Mixer oder in der Küchenmaschine mixen. Fertige Masse zu kleinen Kugeln formen und nach Belieben in Kokos, Kakao etc. wälzen.

Verschiedene Bällchen

ERGIBT CA. 40 BÄLLCHEN

Die Zutaten für die jeweiligen Geschmacksrichtungen gelten zusätzlich zum Grundrezept!

ZUTATEN

FÜR DIE GRUNDMASSE:

3/4 Tasse Datteln, entsteint und gehackt

3/4 Tasse Wasser

1 1/2 Tassen Cashewkerne (optional eingeweicht, kein Muss)

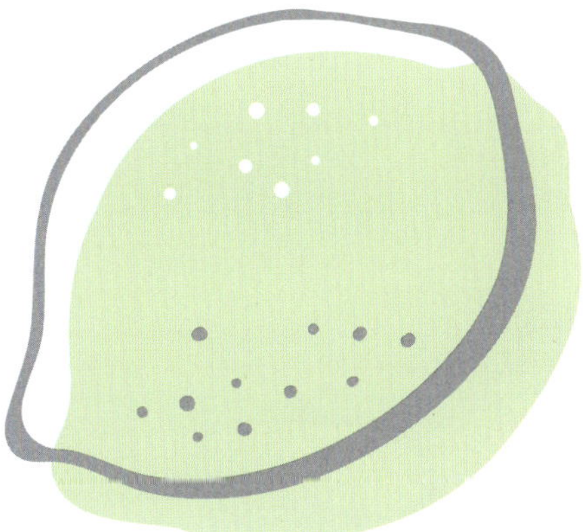

Die wilde Orange

1 1/4 Tassen Kokosraspel

3 Tr. Wildorangen-Öl

Die lustige Zitrone

1 1/4 Tassen Kokosraspel

1 TL Kurkumapulver

3 Tr. Zitronen-Öl

Die grüne Limette

1 1/4 Tassen Kokosraspel

1/2 bis 1 TL Pulver eines grünen Superfoods (am schönsten wird Spirulina)

3 Tr. Limetten-Öl

SO GEHT'S

Mixe die Zutaten für die Grundmasse im Hochleistungsmixer und teile das Ergebnis auf 3 Schüsseln auf. Füge nun die jeweiligen Zutaten hinzu und rühre jeweils (mit eigenem Löffel) gut um. Anschließend kannst du auch schon mit deinen Händen die Bällchen rollen. Sollte die Masse zu klebrig sein, kannst du noch etwas mehr Kokosraspel dazugeben.

TIPP

Solltest du nicht alle auf einmal verzehren, kannst du sie in einem geschlossenen Gefäß im Kühlschrank ein paar Tage aufbewahren.

Müsliriegel

Der nicht kugelige Außenseiter in der Runde sorgt für abwechslungsreiches Format

ZUTATEN

100g Haferflocken

100g Datteln

2 EL Chiasamen

90g Nüsse, gemischt

20g Sonnenblumenkerne, grob gehackt

20g Quinoa, gepoppt

1 EL Cashewmus

Etwas Hafermilch

3 Tr. Zimt-Öl

SO GEHT'S

Den Ofen auf 180 °C Ober-/Unterhitze vorheizen.

Die Datteln mit Hafermilch und Cassia-Öl pürieren. Die Nüsse nach Belieben erst im Ofen anrösten, dann im Mixer schreddern. Haferflocken, Quinoa, Sonnenblumenkerne und Chiasamen mischen und zu den Nüssen geben. Alle Zutaten zusammen in einer Schüssel versammeln. Das Cashewmus dazugeben und alles per Hand mischen.

In eine Form streichen oder auf ein Backpapier streichen. Im Ofen auf mittlerer Schiene ca. 15 Minuten backen. Statt Datteln kann man auch anderes Trockenobst nehmen. Auch Nüsse und Kerne können je nach Geschmack variieren und ausgetauscht werden.

SHAKES & SMOOTHIES

Da auch Smoothies in die süße Richtung gehen und wir dir (und vielleicht auch kleineren Mitgliedern deiner Familie) ein paar Nährstoffe mitgeben wollen, haben wir auch Shakes & Smoothies mit an Bord, in die sich auf besonders einfache und schmackhafte Weise das eine oder andere Vitaminchen mit reinschummeln lässt.

Basisrezept Pflanzenmilch

Wenn du Kontrolle über die Zutaten in deiner „Milch" haben möchtest, kannst du diese als Basis für viele Shakes selber machen.

ZUTATEN

Nüsse wie **Mandeln**, **Walnüsse**, **Paranüsse**, **Haselnüsse** min. 5 Stunden in ausreichend Wasser einweichen,
Wasser wegleeren, gut durchspülen und
danach mit frischem Wasser (je nach
gewünschter Konsistenz) mixen.

Anschließend durch Nussmilchbeutel oder Wäschenetz drücken, um feste Bestandteile von der „Milch" zu trennen.

Alternativ können auch geschälte Hanfsamen verwendet werden, diese müssen nicht eingeweicht werden.

TIPP

Du kannst einfach ein gutes, reines Nussmus kaufen und dieses mit Wasser zu deinem Pflanzendrink mixen

WEITERE ZUTATEN

Süßungsmittel wie Datteln, Bananen, Stevia oder Xylit (Achtung, Birke – nicht Mais, etc.)

Eine Prise (Himalaya-)Salz

1 TL - 1 EL Öl (optional) wie z.B. Mandel- o. Kokosöl

Extra wie Vanille, Kakao, Carobpulver

Hier können auch mild schmeckende Superfoods wie Gerstengraspulver hinzugefügt werden.

SO GEHT'S

Alle Zutaten im Hochleistungsmixer mixen. Dieser Pflanzendrink kann nun mit ätherischen Ölen nach Wahl verfeinert werden.

Bananen-Shake

IMMER BELIEBT BEI GROSS UND KLEIN. ERGIBT 3 PORTIONEN.

ZUTATEN

2 reife Bananen

2 gr. EL Mandelmus

400 ml Wasser

1 TL Kakaopulver

1 TL Carobpulver

2 Tr. Manderine- oder Wildorangen-Öl

SO GEHT'S

Alle Zutaten mit dem Pürierstab oder im Hochleistungsmixer mixen und abschließend das ätherische Öl hinzufügen und nochmal verrühren.

Fruchtige Kokosmilch

MIT SÜD-SOMMER-FEELING.

ZUTATEN

125g Kokosflocken

500 ml Wasser

6 Feigen

1/2 TL Vanillepulver

1-2 Tr. Wilde-Orange-Öl

SO GEHT'S

Mixe die Kokosflocken mit Wasser und schicke die Flüssigkeit durch einen Nussmilch- od. Wäschebeutel. Füge die übrigen Zutaten hinzu. Nochmal mixen. Fertig.

Mit Peppi, Wasser und Melone

DIE SOMMERLICHE ABKÜHLUNG! DAS PFEFFERMINZ-ÖL HAT EINEN KÜHLENDEN EFFEKT, SO AUCH DIE WASSERMELONE.

ZUTATEN

1/2 Wassermelone, geschält und in Stücken

1-2 Tr. Pfefferminz-Öl

SO GEHT'S

Alles im Mixer mixen.

Morgendlicher Sonnenaufgang-Smoothie

ZUTATEN

100g Himbeere

75g Pfirsich, geschält und in Stücke geschnitten

250 ml Wasser

250 ml Mandelmilch

1 TL Honig

3-4 Tr. Mandarinen-Öl

SO GEHT'S

Alle Zutaten mixen.

Grüner Smoothie

Der Klassiker. Bei empfindlicher Verdauung ist diese Kombination aus nur Obst mit grünen Blättern auch am besten verdaulich. Wildkräuter werden in der Regel noch besser vertragen als das Grün von Kulturgemüsen, falls du das eine oder andere Püpschen verspürst (wobei Peppermint- oder Ginger-Öl (Ingwer) hierbei auch helfen können.

ZUTATEN

1 Handvoll Radieschengrün, Spinat oder Vogelmiere

1 Handvoll Erdbeeren

1 Banane

1 Ananas-Scheibe (frisch, nicht aus der Dose)

150 ml Wasser

1/2 Tr. Pfefferminz-Öl

1 Tr. Wildorangen-Öl

SO GEHT'S

Alle Zutaten im Mixer mixen.

WISSENSWERT

Im Grün v. Wurzelgemüse steckt ein Vielfaches an Nährstoffen als in dem von uns üblicherweise verzehrten in der Erde wachsenden Teil.

KUCHEN & KEKSE

Vorhang auf für die Klassiker!
Kekse haben nicht nur in der Weihnachtszeit Hochsaison und auch ein Kuchen
braucht keinen Geburtstag.

Jeder Tag ist ein Grund zum Feiern!

Gute-Laune-Kekse

ZUTATEN

100g Dinkelmehl

50g Maisstärke

50g Xylit

100g Margarine oder Butter, zimmerwarm

1 Msp. Vanillepulver

1 Prise Salz

10 Tr. Wildorangen-Öl

3 Tr. Mandarinen-Öl

SO GEHT'S

Mische Mehl, Stärke, Xylit, Vanillepulver und Salz in einer Schüssel. Füge deine zimmerwarme Fettquelle hinzu und knete die Masse zu einem Teig. Nun kannst du mit den ätherischen Ölen aromatisieren, nochmals gut durchkneten und zugedeckt in ein 30- minütiges Schläfchen in den Kühlschrank schicken. Anschließend kommt er für die Tiefschlafphase für weitere 20 Minuten ins Gefrierfach.

Heize den Backofen auf 160 °C vor. Nun wird der Teig munter auf einer bemehlten Arbeitsfläche mit einem Nudelwalker ausgerollt. Jetzt können die Kekse ausgestochen werden und ab geht's aufs Backblech (mit Backpapier ausgelegt).

Die Kekse kommen für 20-25 Minuten in den vorgeheizten Backofen (Ober-Unterhitze, wo die Kekse eine hellbraune Farbe bekommen.

Müslikekse

DIE PRAKTISCHE VARIANTE FÜR FRÜHSTÜCK UNTERWEGS.

ZUTATEN

100g Mandeln

100g Haferflocken

8 Datteln, entsteint

1 große reife Banane

2 Tr. Wildorangen-Öl

SO GEHT'S

Zuerst die Datteln mit kochendem Wasser übergießen und ca. 10 Minuten einweichen. Danach die Datteln ohne das Wasser im Mixer fein pürieren. Wenn die Datteln zerkleinert sind, die Banane zufügen und mit pürieren. Die Mandeln mit einem Großteil der Haferflocken mischen und das Bananen- Dattel-Mus zufügen. Mit einem Löffel verrühren und nach und nach die übrigen Haferflocken zufügen. Je nachdem, wie groß die Banane war, kann es sein, dass man nicht die ganze Menge an Haferflocken benötigt. Es sollte eine weiche, aber nicht allzu klebrige Masse entstehen.

Den Backofen auf 180 °C Heißluft vor-heizen. Ein Backblech mit Backpapier auslegen. Aus der Masse Kugeln mit ca. 2,5 cm Durchmesser formen und diese auf dem Backblech flach drücken. Die Größe der Kekse kann man natürlich individuell variieren.

Im vorgeheizten Backofen je nach gewünschter Bräune ca. 15 Minuten backen. Die Menge reicht ca. für ein Backblech. Uns schmecken die Kekse frisch am besten, wenn sie noch knusprig sind. In einer Keksdose halten sie sich aber einige Tage frisch, sie werden nur etwas weicher.

Lieblings-Schokokuchen

Wir haben uns gedacht, wir lassen dir bei diesem Rezept wieder mehr Spielraum für Kreativität, Vorliebe und aktuellem Vorrat und geben keine ganz genaue Vorgabe. Du kannst auch mehrere Zutaten einer Kategorie verwenden (z.B. Hafer- UND Hirseflocken) – der Kuchen gelingt immer und wir möchten dir auch Einfaches, Praktikables und doch Leckeres für den Alltag mitgeben. Er ist super schnell und einfach. Los geht's!

ZUTATEN

Für eine Backform (Kasten oder Guglhupf)

200g Getreideflocken (z.B. Haferflocken, Buchweizenflocken, Hirseflocken,...) – Feinblatt oder noch besser gemahlen, bei Bedarf auf „glutenfrei" achten

100g gemahlene Nüsse (z.B. Mandeln, Haselnüsse, Walnüsse)

100g schokoladiges Pulver (Kakaopulver, Carobpulver)

200g Dattelzucker (od. 150g Kokosblütenzucker)

4 TL Weinstein Backpulver

1/2-1 TL Vanillepulver

130g Kokosöl, flüssig

250ml Flüssigkeit (z.B. Wasser, ungesüßte Mandelmilch)

200g Fruchtmus (z.B. Apfel- od. Birnenmus – siehe weiter unten wie es geht)

6 Tr. Zimt-Öl

10-12 Tr. Wildorangen-Öl

SO GEHT'S

Heize den Backofen auf 180 Grad vor. Fülle die trockenen Zutaten in eine große Schüssel (Getreide, Nüsse, Süße, Back- u. Vanillepulver, Kakao, Carobpulver) und rühre gut um. Füge nun die übrigen flüssigen Zutaten hinzu (Apfelmus, Kokosöl und Pflanzendrink), am Schluss die ätherischen Öle. Mische alles gut mit einem Löffel durch und fülle die Masse nun in die Kastenform. Sollte sie aus Glas oder einem anderen Material sein, kleide sie davor noch mit einem Backpapier aus, damit die Masse nicht kleben bleibt. Bei Silikon ist das nicht nötig.

Nun kommt alles bei Umluft bei 180 Grad in den Backofen für 35 Minuten. Nach 20-25 Minuten kannst du noch ein Backpapier darüberlegen, damit der Kuchen nicht anbrennt.

Lasse nach den 35 Minuten den Kuchen etwas auskühlen, hebe ihn aus der Form und: Genieße!

TIPP

Die Nüsse kannst du, um es vollwertiger zu machen, in der (Kaffee-)Mühle mahlen. Diese kannst du auch für Getreideflocken verwenden

Schokotorte

In diesem Rezept verwenden wir die beiden Öle Wildorange und Pfefferminze. Im Alltag geben wir uns jeweils 1 Tropfen davon in die Hand-Innenflächen, inhalieren kräftig und massieren anschließend kurz das Genick. Das riecht nicht nur unglaublich lecker und öffnet die Atemwege, sondern bewirkt auch eine Homöostase (Ausgleich) im Körper. Somit könnte die Torte auch „Homöostase-Torte" heißen. Mit dieser Mischung sind wir voll da und gleichzeitig total entspannt. Diese Wirkung kann aufgrund der Wärmebelastung nicht gewährleistet werden, dennoch wollten wir es an dieser Stelle erwähnen, vielleicht möchtest du dir ja diese beiden Öle schon vor dem Backen gönnen.

TIPP

Für weniger Gluten haben wir 200g Einkornmehl und 100g Buchweizenmehl verwendet. Mit Dinkelmehl ist die Masse etwas fluffiger.

ZUTATEN TEIG

300g Dinkelmehl
50g Maisstärke
50g Kakaopulver
20g Kokosblütenzucker
2 TL Natron
1 TL (Weinstein-)Backpulver
Prise Salz
100 ml Kokosöl, flüssig
2 TL Reisessig
2 TL Vanillepulver
500 ml Wasser
8 Tr. Wildorangen-Öl

ZUTATEN GLASUR (OPTIONAL)

180g zuckerfreie, möglichst dunkle Schokolade

2 TL Kokosöl, flüssig

2 Tr. Pfefferminz-Öl

SO GEHT'S

Heize den Backofen auf 180 °C vor (Ober-Unter-Hitze).

Vermische alle trockenen Zutaten in einer Schüssel. Mixe alle feuchten Zutaten per Hand- oder Hochleistungsmixer.
Gib nun alles zusammen, füge das ätherische Orangenöl hinzu, rühre nochmal alles gut um (reicht mit einem Löffel), sodass die Masse gleichmäßig aussicht. Gib nun alles in die gewünschte Form (z.B. runde Tortenform) und backe die Torte bei 180°C 35-40min lang. Um festzustellen, ob sie innen durch ist, kannst du z.B. mit einer Stricknadel hineinstechen und kontrollieren, ob etwas von der Masse kleben bleibt. Wenn nichts kleben bleibt, ist sie durch.

Sobald die Torte ausgekühlt ist, kannst du sie glasieren.

Glasur:

Schmelze die Schokolade plus Kokosöl entweder im Topf oder noch besser Wasserbad, füge das ätherische Pfefferminzöl hinzu und schon kannst du die Torte damit bedecken. Wir benutzen dafür einfach einen Esslöffel, um die Schokolade optimal oben und rundherum zu verteilen.

Nusskuchen

ZUTATEN

TEIG:

1 Tasse Mandeln, gerieben

1 Tasse Walnüsse, gerieben

10 Datteln, entsteint

3/4 Tasse Backkakao

3 EL Kokosöl, verflüssigt

evtl. etwas Mandelmus

CREME:

2 1/2 Tasse Cashewkerne, eingeweicht

1/2 Tasse Backkakao

1/4 Tasse Cashew Mus

1/3 Tasse Ahornsirup

1/2 Tasse Hafermilch

1/2 Tasse Kokosöl, verflüssigt

4 Tr. Wildorangen-Öl

DEKO

etwas Mandeln, ganz

ev. Beeren

SO GEHT'S

Die dem Rezept zugrunde gelegte Tasse hat eine Füllmenge von ca. 200 ml. Als Springform wird eine große mit 26 cm Durchmessern verwendet. Die Cashewkerne über Nacht oder mindestens 3 Stunden in lauwarmem Wasser einweichen. Datteln in kleine Stücke zu schneiden.

Die Mandeln und Walnüsse zusammen mit den Datteln, dem Kakaopulver und dem Kokosöl in einen (Hochleistungs-) Mixer geben oder mit einem Pürierstab gut pürieren. Sollte die entstehende Masse nicht genug kleben, mehr Datteln oder etwas Nussmus hinzufügen.
Dio Masse in eine mit Backpapier ausgelegte und mit Kokosöl gefettete Kuchenform geben und fest an den Boden und Rand der Form drücken. Die Form in die Tiefkühltruhe stellen, solange die Creme vorbereitet wird.
Für die Creme die eingeweichten Cashewkerne, das Kakaopulver, das Nussmus, den Sirup, die Pflanzenmilch, das Kokosöl und das ätherische Öl in einen Mixer geben oder pürieren. Die Creme auf den bereits vorgekühlten Boden geben und glattstreichen.
Als Deko können ganze Mandeln draufgestreut werden. Den Kuchen mindestens 2 Stunden tiefkühlen und vor dem Servieren im Kühlschrank leicht antauen.

Nuss Schoko Schnitte

ZUTATEN BODEN

1 Tasse Haselnüsse (oder andere Nüsse)

3/4 Tasse Datteln, entsteint und gehackt

1/4 Tasse Kakaopulver

2 bis 3 EL Wasser

Für eine 20 x 20 cm Form

ZUTATEN NUSS-CREME

2 Tassen Mandeln

1 Tasse Datteln, entsteint

1 Tasse Wasser

2 Tr. Zimt-Öl

ZUTATEN SCHOKO-CREME

1/2 Tasse Datteln, entsteint und gehackt

3/4 Tasse Wasser

1/2 Tasse Kakaopulver

30g Kakaobutter, geschmolzen

SO GEHT'S

Mixe für den Boden die Nüsse und Datteln im Hochleistunsgmixer kurz auf Höchststufe bis sie krümelig sind. Gib die Krümel in eine Schüssel, siebe das Kakaopulver hinzu und rühre gerade genug Wasser unter, so dass ein knetbarer Teig entsteht. Lege die Kuchenform mit Backpapier aus. Verteile den Teig darin gleichmäßig und drücke ihn fest.

Für die Nuss-Creme alle Zutaten im Hochleistungs-mixer cremig mixen. Hier am besten den Stampfer verwenden, um die Mischung beim Mixen in Bewegung zu halten. Verteile die Nuss-Creme in der Kuchenform. Stelle sie in den Gefrierschrank während du die Schokoladen-Creme zubereitest.

Mixe alle Zutaten für die Schokoladen-Creme im Mixer cremig, ohne diesen vorher zu säubern (die restliche Nuss-Creme ist sehr willkommen) und verteile die Schoko-Creme auf der Nuss-Schicht.

Stelle das Ganze in den Gefrierschrank bis die Masse fest ist (ca. 3 bis 4 Stunden). Schneide die Stücke wenn sie noch größtenteils gefroren sind und bewahre sie bis zum Servieren gekühlt auf.

Kalte Beerentorte

FÜR EINE SPRINGFORM (KASTENFORM GEHT NATÜRLICH AUCH)

Diese Torte kannst du, wenn du auf entsprechende Qualität der Zutaten achtest, auch als komplette Rohkostvariante zubereiten. Gebacken wird hier so oder so nicht!

ZUTATEN

FÜR DIE MASSE:

300g Cashewkerne (1 Stunde vorher in Wasser eingeweicht)

1/2-1 TL Vanillepulver

2 EL Kokosöl, flüssig

4 EL Ahornsirup

3 EL Mandelmilch

1 Hand voll (Tiefkühl-) Beeren

4 Tr. Zitronen-Öl

3 Tr. Limetten-Öl

FÜR DEN BODEN:

170g Mandeln

60g Datteln ohne Kern

1,5 EL Kokosöl, flüssig

SO GEHT'S

Wir mixen grüppchenweise:
Mandeln, Datteln und Kokosöl im Hochleistungsmixer mixen. Masse in die Form geben, verteilen und vorab dafür sorgen, dass diese so vorbereitet ist, dass nichts kleben bleibt (z.B. mit transparenter Folie auskleiden; ist sie aus Silikon, ist dies nicht nötig).

Cashews, Kokosöl, Vanillepulver, Ahornsirup, Mandelmilch und ätherische Öle im Hochleistungsmixer mixen. Den Großteil (ca. 2 Drittel) der Masse in die Form quasi als zweite Schicht füllen.

Die übrige Masse wird mit den Beeren gemixt. Dies bildet nun die dritte und letzte Schicht der Torte. Das Gesamtwerk wandert nun für etwa 3 Stunden (oder mehr) in den Kühlschrank.

Nun kann die Torte so wie sie ist genossen werden. Wer mag, drapiert vor dem Servieren noch ein paar Beeren drauf.

ICE, ICE, BABY

Ob Winter oder Sommer,
Eis ist immer der Hammer!
Bei uns gibt's manchmal schon zum Frühstück eine Portion.

Beeren-Lavendel-Eis

ZUTATEN

200g gefrorene Beeren (Himbeeren, Erdbeeren, gemischte Beeren,...)

1 Banane

2-3 getrocknete Datteln (ev. vorher eingeweicht, damit sie sich leichter zerkleinern lassen)

(optional) 1 EL mild schmeckendes Superfood-Pulver dazu mischen wie z.B. Gerstengraspulver

Zahnstocher Lavendel-Öl

SO GEHT'S

Alle Zutaten bis auf das ätherische Öl im Hochleistungsmixer mixen. Statt den Datteln kann auch eine zusätzliche Banane genommen werden – entweder waren auch die Bananen davor eingefroren (in Stücken geschnitten) oder es wird eher ein Mousse. Anschließend mit dem Zahnstocher Lavendelöl hinzufügen, verrühren und probieren, ob es noch mehr des Öls bedarf.

Variante:

Mit 3-4 Tr. Zitronen- od. Limetten-Öl statt Lavendel kann aus dem Beeren- Lavendel-Eis auch ein zitroniges Beereneis werden.

Mangosorbet

ZUTATEN

2 reife Mangos

2 Tr. Manderinen-Öl

SO GEHT'S

Für das Mango Sorbet: Mangos schälen, den Stein entfernen und in grobe Stücke schneiden. Über Nacht oder 4 Stunden im Tiefkühlfach aufbewahren, danach im Standmixer 1 Minute lang (je nach Mixer) zu Eiscreme bzw. Mangosorbet mixen, einen Tropfen Manderinen-Öl dazu und nochmal umrühren.

Schokooo-Eis

Für 6 Eis-Stiele (oder Mousse ohne Einfrieren, schmeckt auch suuuuper lecker!!!)

Auch an dieser Stelle möchten wir dich dazu ermutigen, mit den ätherischen Ölen zu experimentieren. Für eine herbe Note kannst du 2-3 Tr. Basilikum-Öl verwenden. Uns schmeckt das Eis auch mit der schützenden Mischung oder Grapefruit-Öl sehr gut!

ZUTATEN

90g Hanfsamen, geschält

90g Datteln, entsteint und zerkleinert

250ml Wasser

1 gehäufter EL Kakaopulver

1/4 TL Vanillepulver

1 Prise Salz

4 Tr. Zitronen Öl

SO GEHT'S

Mixe die Zutaten für die Eiscreme in einem kraftvollen Mixer cremig. Befülle nun die Eisformen mit der Masse und stelle sie in das Gefrierfach. Wenn das Eis gefroren ist, kann es verzehrt werden.

Nusseis

Ergibt ca. 1,5 Liter

ZUTATEN

1/2 Tasse Mandeln

1/2 Tasse Cashewkerne

1 Tasse Datteln, entsteint und gehackt

3 Tassen (750ml) Wasser

1/4 TL Vanillepulver

4 Tr. Wildorangen-Öl

SO GEHT'S

Weiche die Datteln in dem Wasser ein.
Zerkleinere die Nüsse (z.B. mit der Schnitzelklopfermethode), röste sie in einer Pfanne auf niedriger Hitze. Rühre sie gelegentlich um bis sie leicht goldbraun werden und beginnen, zu duften. Du kannst sie vor dem rösten auch zusätzlich noch für mindestens 8 Stunden in Wasser einweichen, das ist aber nicht essentiell.

Gib nun Wasser, Datteln, Nüsse und das ätherische Öl in den Hochleistungsmixer und – mixe. Anschließend kannst du die Masse in kleine Eiswürfel- oder Silikonförmchen geben und einfrieren. Danach kannst du diese Eiswürfel gleich so wie sie sind lutschen oder nochmal ins Hochleistungsmixgerät schmeißen, um so eine richtige Eiscreme zu erhalten.

Fruchtige Eiswürfel

TIPP

Diese kannst du so lutschen oder ein Getränk damit erfrischen.

ZUTATEN

100 ml Wasser

2 EL Xylit

1/2 Zitrone, entsaftet

5 Tr. Zitronen-Öl

10 Tr. Wildorangen-Öl

SO GEHT'S

Vermische die ätherischen Öle mit Xylit und löse die Mischung anschließend in Wasser und Zitronensaft auf. Danach geht's auch schon ab in die Eiswürfelformen und ins Gefrierfach.

SÜßES IN DER SCHÜSSEL

Egal ob Joghurt, Mousse oder süßer Pantsch, hier kommen unsere Rezepte, die sich am Besten in der Schüssel löffeln lassen.

Apfel- od. Birnenmus

ZUTATEN

80ml Wasser

1 EL Kokosblütenzucker

1kg Äpfel

1/2 Tr. Zimtrinden-Öl

1/2 Tr. Zitronen-Öl

TIPP

Probiers' doch mal mit Birne!

Geht genauso.

SO GEHT'S

Äpfel waschen, schälen, vierteln und das Kerngehäuse entfernen. Wasser in einem Topf mit Zucker zum Kochen bringen.

Die Äpfel in kleine Stücke schneiden und 15 bis 20 Minuten auf niedriger Stufe köcheln, etwas auskühlen lassen, Zimt- und Zitronen-Öl hinzufügen und gut umrühren. Anschließend mit einem Pürierstab zerkleinern und in Gläser füllen.

Ergibt 2 1/2 Gläser

Schnelles Fruchtpüree

ZUTATEN

1 Banane

1 Apfel

Zimtrinden-Öl (Zahnstochermethode)

SO GEHT'S

Früchte schneiden und pürieren, anschließend mit ätherischem Öl per Zahnstochermethode aromatisieren.

Süße Avocado-Creme

DIESES REZEPT MAG EINEM ETWAS EIGENWILLIG VORKOMMEN. DA WIR ES JEDOCH SO INTERESSANT FINDEN, MÖCHTEN WIR ES EUCH NICHT VORENTHALTEN.

ZUTATEN

1 Banane

1 Avocado

2 Tassen Kokosmilch (Pflanzendrink – nicht die aus der Dose)

6 Tr. Stevia, flüssig

1 Tasse Eiswürfel

4 Tr. Pfefferminz-Öl

SO GEHT'S

Banane schälen und in grobe Stücke brechen, Avocado schälen und in grobe Stücke schneiden. Alle Zutaten im Mixer mixen und ev. toppen mit Erdbeeren, dunkler Schoki und / oder Minz-Obers.

Minz-Obers

Passt perfekt zu vorherigem Rezept, ist aber auch gerne als Single unterwegs.

ZUTATEN

430g Voll-Fett-Kokosmilch

2 Tr. Stevia, flüssig

3-4 Tr. Pfefferminz-Öl

SO GEHT'S

Kokosmilch für 12-24 Std. in den Kühlschrank stehllen. Danach die dicke Schicht von oben runternehmen (und den Rest anderweitig weiterverwenden und auf höchster Stufe im Mixer mixen für ca. 1 Minute. Danach kommen Stevia und Pfefferminz dazu. Das ganze wird nun nochmal für 3 Minuten verrührt.

Himbeer-Hirse

TIPP

Hirse kann auch in Wasser gekocht und anschließend mit etwas Mandelmilch aufgegossen werden für vollmundigen Geschmack

Ergibt 2-3 Portionen und eignet sich ideal als Frühstück oder einfach so als Snack oder auch kleine Mahlzeit.

ZUTATEN

2 Tassen Hirse

2 Tassen Himbeeren (gefroren oder frisch)

2/3 Liter Mandelmilch

1 EL Ahornsirup

Ev. etwas Wasser

1 Tr. Zimt-Öl

1 Tr. Kardamon-Öl

SO GEHT'S

Hirse in Mandelmilch aufkochen und ca. weitere 20min köcheln lassen. Anschließend mit den übrigen Zutaten in eine Schüssel geben, verrühren, genießen. Der Cardamom gibt eine sehr interessante Note. Die ätherischen Öle können auch mittels Zahnstochermethode dosiert werden. Eine andere Möglichkeit ist das Heraustropfen aus einer kleinen Probeflasche.

Schokomousse

ZUTATEN

2 Bananen

1 Avocado

20g Kakaopulver

10-12 getrocknete Datteln, ev. In Wasser eingeweicht

5 Tr. Rote-Mandarine-Öl

SO GEHT'S

Alle Zutaten zerkleinern, am besten im Mixer zu einer feinen Masse pürieren.

Lässt sich gerne löffeln aber auch – vor allem von Kindern – durch den Strohhalm ziehen.

Fruchtsalat

ZUTATEN

1 Orange

1 Feige, getrocknet

3 Datteln

1-2 EL Rosinen

1 EL Kokosflocken

Zimt-Öl (Zahnstochermethode)

Sternanis-Öl (Zahnstochermethode)

SO GEHT'S

Frisches und getrocknetes Obst klein schneiden und mit den Kokosflocken vermengen. Anschließend die Öle per Zahnstocher hinzufügen und abschmecken.

Erfrischendes Zitronenjoghurt

ZUTATEN

1 1/2 Tassen Kokosjoghurt

2 TL Zitronensaft, frisch gepresst

1/4 TL Zitronenschale, gerieben

8-10 Tr. Stevia, flüssig

2-3 Tr. Zitronen-Öl

SO GEHT'S

Alles in einer Schüssel zusammenmischen, fertig.

TIPP

Auch bei diesem Rezept lassen sich Superfoods einbauen. Du kannst z.B. 1-2 TL Gerstengraspulver, Baobab, Moringa, usw. hinzufügen.

Chiapudding

Ergibt 2 Portionen

ZUTATEN

250ml Mandelmilch

3 EL Chiasamen

3 EL Carobpulver

3 EL Kakaopulver

2 EL geschälte Hanfsamen

6 Datteln, entsteint

1 TL Vanillepulver

3 Tr. Manderinen-Öl

3 Tr. Wildorangen-Öl

Ev. Deko wie Gojibeeren, weißes Mandelmus oder Cashewmus

SO GEHT'S

Alle Zutaten im Hochleistungsmixer mixen. Den Pudding in Schüsseln füllen und nach Lust und Laune garnieren.

Süßes Süppchen

TIPP

Kinder haben großen Spaß dabei, aus dem Reismehl - Wasser-Gemisch Kugeln oder auch Würmer zu formen!

ZUTATEN

1 Dose Kokosmilch

Etwas Wasser

1 Süßkartoffel, mittelgroß

5 EL Klebreismehl

1 EL Xylit

1 EL Kokosblütenzucker

1 Tr. Zitronengrass-Öl für die asiatische Note ODER

1 Tr. Schützende Mischung für die wärmende Note

SO GEHT'S

Vermische das Klebreismehl mit ca. der doppelten Menge (10 EL) Wasser in einer Schüssel und rühre mit einem kleinen Löffel um. Die Konsistenz sollte feucht-teigig sein, sodass sich daraus Bällchen formen lassen.

Bringe die Kokosmilch in einem Kochtopf mit etwas Wasser, je nach gewünschter Konsistenz (wir füllen die leere Dose ca. zu 3/4 voll mit Wasser und fügen dies der Milch hinzu) und den beiden Süßungsmitteln zum Kochen. Schäle und schneide die Süßkartoffel in mundgerechte Würfel und koche sie mit Füge nach ca. 3-5min. die Reisbällchen hinzu und lasse die Suppe für ca. 15min köcheln. Die Süßkartoffeln sollten weich sein und die Bällchen einen leicht durchsichtigen Rand haben, dann sind sie fertig.

Füge nun das ätherische Öl deiner Wahl hinzu.

Reste-Pantsch

Du hast gerade mal ein paar Löffel von diesen Zutaten zu Hause und weißt nicht, was du damit anstellen kannst? Hier eine Idee – die Löffelangaben sind ungefähr und je nach Reste-Bestand abwandelbar, auch in den Verhältnissen.

Das funktioniert natürlich auch mit anderen Resten wie gekochter Hirse, Haferflocken, Quinoa oder statt Leinsamen anderes „Körndlzeug" wie Mohn, Hanfsamen, Chiasamen, Nüsse, etc. Vielleicht hast du auch statt der Banane einen schon bald schrumpeligen Apfel - oder eine andere Art von Joghurt oder „Milch"? Dieses Rezept funktioniert in diesen Fällen ganz genauso und schmeckt immer anders.

ZUTATEN

3 EL gekochter Reis

3 EL (Kokos-)Joghurt

2 EL (geschrotete) Leinsamen

1 reife Banane

1 EL 1 EL Ahorn- od. Dattelsirup

3 Tr. Schützende Mischung-Öl

SO GEHT'S

Banane in Stücke schneiden oder mit der Gabel zerdrücken. Übrige Zutaten gegebenenfalls auch zerkleinern und alles in einer Schüssel zusammenmischen.

WISSENSWERT

Leinsamen hält nicht lange (immer im Kühlschrank aufbewahren). Nährstoffe können im gemahlenen Zustand optimal aufgenommen werden.

Milchreis

Zu viel Reis gekocht? Kein Problem!

ZUTATEN

Übrig gebliebener Reis (da wir mit Resten kochen keine genaue Mengenangabe)

Pflanzenmilch

Zahnstocher Zimt- oder Kassia-Öl

Etwas Erythrit

SO GEHT'S

Bedecke den Reis mit einer Pflanzenmilch und bringe ihn zum Kochen bis die Milch verkocht ist. Lasse ihn abkühlen und füge je nach Menge (eher weniger) etwas Zimt- oder Kassia-Öl dazu und für die, die es süßer haben möchten, etwas Ethyrit dazu. Fertig.

KUNTERBUNTES

Hier findest du die Freigeistrezepte, die sich keiner Kategorie so richtig unterordnen wollen.

ZUTATEN

FEUCHT:

2 reife Bananen, mit der Gabel zerdrückt

3/4 Tasse Kokosjoghurt

1/2 Tasse Kokosöl, flüssig

3/4 Tasse Sojamilch

2 EL Maisstärke, mit 6EL Wasser vermischt

1 TL Vanille

5 Tr. Schützende Mischung-Öl

Kaiserschmarren

FÜR 3 PORTIONEN

SO GEHT'S

Die Walnüsse z.B. mit der Schnitzelklopfermethode zerkleinern. Zuerst die feuchten Zutaten mischen, dann die Trockenen. Zum Schluss alles in einer Schüssel zusammenmischen und in Kokosöl anbraten, wenden (wie bei Pancakes) und am Schluss in Stücke reißen.

Dazu passt ein Apfelmus (wie auf S. 51) wunderbar!

TROCKEN:

1/4 Tasse Kokosmehl

3/4 Tasse Vollkorn-Buchweizenmehl

2 TL Weinstein Backpulver

1 Tasse Haferflocken

1/2 Tasse Walnüsse

1/3 Tasse Kokosblütenzucker

1/2 TL Himalayasalz

3 Tr. Zimtrinden-Öl

Pancakes

ZUTATEN

6 EL Vollkornmehl, z.B. Buchweizen

3 EL Xylit

1 TL Backpulver

1 TL Vanillepulver

2 kleine Bananen, zerdrückt

1 Tasse Pflanzenmilch

2 EL Kokosmehl

1 EL Kokosmehl

3 Tr. Nelken-Öl

6 Tr. Wildorangen-Öl

Etwas Kokosöl zum Rausbacken

SO GEHT'S

Mische alle Zutaten (bis auf das Kokosöl) in einer Schüssel zusammen, verrühre sie gut mit einem Löffel und fülle jeweils eine Portion in eine heiße, beschichtete Pfanne mit Kokosöl. Lasse den Pfannkuchen bei mittlerer bis oberer Hitzestufe rausbacken und wende ihn, damit beide Seiten angebraten werden und der Teig gut durch wird.

Aromahonig

Von diesem Honig kannst du natürlich auch mal ein Löffelchen pur genießen oder damit Speisen und Getränke wie Tee, Milch, Müsli und andere Süßspeisen verfeinern.

ZUTATEN

50g Akazienhonig

1 Msp. Vanillepulver

1 Tr. Zimtrinden-Öl

1 Tr. Bergamotte-Öl

2 Tr. Manderinen-Öl

5 Tr. Wildorangen-Öl

SO GEHT'S

Einfach das Vanillepulver und die ätherischen Öle in den Honig mischen, fertig.

Apfelchutney

Dieses fruchtig-pikante Chutney gesellt sich gerne zu Crackern und (Knäcke-)Brot oder auch zu Käsigem.

ZUTATEN

2 Äpfel, mittelgroß

1 Zwiebel

1 Knoblauchzehe

1 EL Kokosöl

2 EL Xylit

25ml Apfelessig

1 Prise Salz

75 ml Apfelsaft

1 TL Pektin

2 Tr. Wildorangen-Öl

2 Tr. Limetten-Öl

1 Tr. Rosmarin-Öl

SO GEHT'S

Gewaschene Äpfel würfelig schneiden. Zwiebel und Knoblauch werden klein geschnitten, kurz im Kokosöl angebraten und mit Xylit karamellisiert. Nun kommen die Apfelstücke, - Saft, -Essig und Salz hinzu und werden für ca. 10min mitgedünstet. Nun wird Pektin hinzugefügt, das Ganze kurz aufgekocht und wenn das Chutney abgekühlt ist kommen die ätherischen Öle dazu. Alles gut durchrühren, fertiiiiiiig.

Nusscreme

ZUTATEN

1 Glas Kichererbsen (abgetropft)

40g Haselnüsse, gemahlt

8 Datteln, entsteint und klein geschnitten

30g Kakaopulver

1/2-1 TL Vanillepulver

100ml Pflanzendrink (z.B. Reisdrink)

2 EL Süßungsmittel wie z.B.. Ahornsirup

1 Tr. Lavendel-Öl

2 Tr. Wildorangen-Öl

2 Tr. Manderinen-Öl

1 Tr. Grapefruit-Öl

SO GEHT'S

Mische alle Zutaten in der Küchenmaschine oder im Hochleistungsmixer. Teile nun die Masse auf 2 Schüsseln auf. In die eine Schüssel tropfst du 1 Tropfen Lavendel, in die andere insgesamt 5 Tropfen der Zitrusöle. Wenn du magst kannst du auch eine Masse daraus machen, denn das ätherische Öl von Lavendel passt mit dem aus Zitrusfrüchten wunderbar zusammen!

Nun kannst du den Aufstrich pur genießen, aufs Brot oder eine Waffel schmieren oder Früchte darin eintunken!

DIESE CREME IST INSPIRIERT VON NUTELLA – NUR EBEN GESÜNDER.

Aromatisierte Apfelscheiben

DER SCHNELLSTE SNACK ÜBERHAUPT – SUPER LECKER UND GESUND.

ZUTATEN

3 Äpfel

3 Tr. Schützende Mischung-Öl

SO GEHT'S

Schneide die Äpfel in Spalten und lasse das ätherische Öl entweder aus einem kleinen Probefläschchen auf die Äpfel träufeln oder gib das ätherische Öl in eine kleine Schüssel mit warmem Wasser und „bade" die Apfelstücke darin. Lasse sie anschließend kurz abtropfen, dann sind sie auch schon fertig.

GETRÄNKE

Du kannst Wasser mit Zitrusölen wunderbar aufpeppen und damit auch die Qualität deines Wassers positiv beeinflussen. Wir trinken auch gerne mal andere Öle wie z.B. Lemon mit Melaleuca oder Peppermint mit Grapefruit.
Du kannst hier kreativ sein – normale Eiswürfel oder gefrorene Früchte hinzufügen, etwas Süßes wie Stevia oder Xylit usw.

Limo Süss-Sauer

Sauer macht lustig, mit feiner Süße umso mehr.

ZUTATEN

2 L Wasser

120 ml Honig

3 Zitronen, ausgepresst

2 Tr. Zitronen-Öl

SO GEHT'S

Wasser mit Honig gemütlich erwärmen, bis der Honig flüssig ist. Zitronensaft hinzufügen, mit Lemon-Öl aufpeppen und ab in den Kühlschrank. Wenn die Limonade abgekühlt ist, kann sie eventuell noch mit frischer Minze und Zitronenscheiben garniert werden.

Cocktail, alkoholfrei

ZUTATEN

1 L Limo Süss-Sauer

250 ml Orangensaft (am besten frisch gepresst)

250g gefrorene Früchte nach Wahl

3 Tr. Manderinen-Öl

SO GEHT'S

Alle Zutaten (im Hochleistungsmixer) mixen und frisch genießen

Karotten-Ingwer-Saft

Das perfekte Frühstück und super nahrhaft. 2kg Karotten haben bis auf Jod und Vitamin B12 so ziemlich alle Nährstoffe die du brauchst. Da das ziemlich schwierig zu essen ist, kannst du die Karotten auch einfach entsaften!

ZUTATEN

Für 2 Gläser:

12 Karotten

4 Kleine Äpfel

1 Tr. Ingwer-Öl

SO GEHT'S

Obst und Gemüse durch den Entsafter schicken, gegebenenfalls nochmal durchsieben und mit Ginger-Öl verfeinern.

Du hast keinen Entsafter? Alternativ kannst du die Zutaten auch im Hochleistungsmixer zusammenschmeißen mit etwas Wasser und den „Gatsch" durch ein Wäsche- oder Nusstuch pressen. Fertig ist der Saft!

Lavendel-Limo

SO GEHT'S

In kleinem Topf Honig und 1/2 Tasse Wasser schwach Stufe erhitzen, bis Honig und Wasser vermischt sind. Dieser Sirup wird nun mit Zitronensaft, den übrigen 6 Wasser-Tassen und den ätherischen Ölen vermischt und gut umgerührt. Prost!

ZUTATEN

6 1/2 Tassen (kaltes) Wasser

1 1/4 Tasse Zitronensaft (frisch gepresst, das beim Pressen hineingelangte Fruchtfleisch darf bleiben)

1/2 Tasse Honig

1 Tr. Lavendel-Öl

2 Tr. Zitronen-Öl

8 Datteln, entsteint

Platz für deine Notizen